LES

CRIÉES

FAITES EN LA VILLE DE GENÈVE

En 1560

Réimprimées par C. COULET, éditeur à Montpellier

AVEC NOTICE

PAR

RAOUL DE CAZENOVE

1879

COMPTE-RENDU

PAR

M. LÉOPOLD NIEPCE

LYON

IMPRIMERIE DU SALUT PUBLIC

BELLON, RUE DE LA RÉPUBLIQUE, 33

1880

LES
CRIÉES

FAITES EN LA VILLE DE GENÈVE

En 1560

Réimprimées par C. COULET, éditeur à Montpellier

AVEC NOTICE

PAR

RAOUL DE CAZENOVE

1879

~~~~~~~~~~~~~~~~

COMPTE-RENDU

PAR

M. LÉOPOLD NIEPCE

LYON

IMPRIMERIE DU SALUT PUBLIC

BELLON, RUE DE LA RÉPUBLIQUE, 33

1880

~~~~~~~~~~~~~~~~

CRIÉES FAITES EN LA VILLE DE GENÈVE

En 1560

I.

Le nombre des bibliophiles est considérable. Les bibliomanes abondent aussi. Qui n'aime pas, du reste, les livres et les beaux livres surtout, — ces amis qui ne changent jamais. Mais rares sont ceux qui consacrent leur savoir et leurs soins à la *réimpression* d'ouvrages devenus presque introuvables, précieux par leur mérite, et que l'homme d'étude a besoin de consulter pour ses travaux, — ou à l'impression d'œuvres manuscrites disparues depuis longtemps, et que le hasard fait découvrir tout à coup sous la poussière, dans quelque obscure bibliothèque.

A Lyon, il s'est rencontré heureusement de ces hommes dévoués. Je ne parlerai que de ceux d'une époque peu éloignée de nous. Qui ne connaît les réimpressions faites par M. Coste, l'heureux possesseur de cette grande bibliothèque lyonnaise qu'il s'était proposé de léguer à sa ville natale et que cette dernière a dû acheter 50,000 fr., parce que, en 1848, les hommes d'alors avaient menacé de mort ce paisible et inoffensif magistrat. Qui n'a feuilleté, au moins, les réimpressions de M. Breghot du Lut? Quel est l'érudit qui n'a pas sur ses tablettes les *Poésies* de notre grande muse lyonnaise,

Louise Labbé, sorties, en 1824, des presses de Perrin, l'habile imprimeur, qui a su rendre à la typographie lyonnaise son ancienne gloire et son lustre ; — les *Poésies « de gentille et vertueuse dame Pernette du Guillet*, Lyonnaise »*, avec notes et glossaire du même auteur, réimprimées aussi par Louis Perrin, en 1830 ; — le *Roi de la Basoche*, avec la traduction française en regard, et des notes par Philibert Girinet, chevalier de l'Eglise de Lyon, et trésorier de l'église de Saint-Etienne, écrit dans le milieu du XVIe siècle, réimprimé par Ant. Perisse en 1838 ?

Qui ne connaît non plus, entre autres réimpressions, celle du poème latin *Tristibus Francorum*, avec des planches si curieuses, où se trouve relaté le sac de la cathédrale, en 1562, et celui de beaucoup d'autres de nos monuments ?

Et plus récemment encore, n'a-t-on pas vu des hommes de science et de dévoûment, reproduire, avec les conseils et le concours de MM. Breghot du Lut et Péricaud, plusieurs ouvrages presque disparus, ou qui n'avaient jamais été imprimés, comme le célèbre *Lugdunum priscum*, du président de Bellièvre, livre des plus intéressants, qui a subi tant de vicissitudes, dont le manuscrit est sorti à tout jamais de Lyon, étant possédé indûment aujourd'hui par une bibliothèque de faculté ?

Parmi ces réimpressions, il faut encore citer : les *Antiquités de Saint-Jean*, de Quincarnon ; la *Fondation de Saint-Paul*, du même ; les *Mélanges sur l'Histoire ancienne de Lyon*, les *Facéties lyonnaises*, le *Formulaire de Bredin le Cocu*, le *Lyon souterrain*, d'Artaud : reproductions précieuses, tirées malheureusement à un trop petit nombre d'exemplaires. Mais l'effort des généreux bibliophiles associés pour ces réimpressions n'a été, pour ainsi dire, que d'un jour, et ils ont déjà tous disparu, sans qu'on ait imité leur louable exemple. On le regrettait; on faisait des vœux pour voir surgir quelque homme de savoir et de dévoûment qui se chargeât de nouveau du pénible et difficile labeur de nouvelles réimpressions. Cet homme s'est enfin rencontré. Habilement secondé par M. Mougin-Rusand, qui a mis ses belles presses au service de M. Guigue, ce dernier nous donne depuis deux ans, tour à tour, de vieilles œuvres lyonnaises, devenues rarissimes, qu'on s'arrache dans les ventes et dont les reproductions sont aussi des chefs-d'œuvre de typographie. Faut-il les citer? Ce sont :

1° Le *Supplice de Cinq-Mars et de Thou*, relation d'un témoin oculaire;

2° La *Destruction de l'église de Saint-Just, du cloître et de partie du faubourg, en 1562*;

3° L'*Antique établissement, le lustre, le bien spirituel de la royale abbaye de Saint-Pierre de Lyon, avec les merveilles de la Providence, et les divers accidents que l'on y a vus*, par *J. de Saint-Aubin*;

4° La *Chronique de la Maison de Beaujeu*, et 5° les *Antiquités et la fondation de la Métropole des Gaules*, etc., de Quincarnon.

Mais loin de se borner à ces œuvres françaises, MM. Guigue et Mougin-Rusand vont nous donner aussi des œuvres en latin. Plus d'une est déjà sous presse. Ce sera fête pour les érudits et les collectionneurs de les voir bientôt paraître.

Toutefois, MM. Guigue et Mougin Rusand ne sont pas les seuls à nous doter de réimpressions intéressantes. M. Coulet, libraire-éditeur à Montpellier, a découvert, naguère, dans un lot de vieux papiers, une plaquette introuvable, les *Criées faictes en la cité de Genève. Artus Chauvin, 1560*, et en même temps qu'il en confiait la reproduction textuelle à l'habile M. Mougin-Rusand, il demandait à M. Raoul de Cazenove d'en faire l'introduction. M. de Cazenove s'est fait, depuis longtemps, une place exceptionnelle parmi nos érudits, en s'attachant particulièrement à l'histoire et à l'archéologie protestantes. Il a publié plusieurs ouvrages de mérite dont je ne peux rappeler ici que les titres :

Rapin de Thoyras, sa famille, sa vie et ses œuvres, grand in-4° carré. Lyon, Louis Perrin, pap. vergé teinté, 1866.— Portraits, planches et blasons, tiré à 300 ex. Paris, Aubry.— Deuxième édition in-12, abrégée, Toulouse, 1874.

Notes sur deux Bibliophiles lyonnais, J. Grolier et Yemeniz. Lyon, Vingtrinier, 1867, in-12. (Ext. de la *Revue du Lyonnais*.)

Procès-verbal du Synode particulier de la 20° circonscription synodale. Lyon, Lépagnez, in-12, 1872.

Les Vallées de Félix Neff (Hautes-Alpes), leur état présent. Lyon, H. Georg, in-4°, 1875.

Notes sur le Salon. Tableaux et artistes protestants. Paris, in-4°, 1874.

Armorial de la FRANCE PROTESTANTE, en publication, au cours de la réimpression donnée par M. H. Bordier de ce grand ouvrage biographique des frères Haag.

Mémoires de Samuel de Péchels, 1685-1692, Toulouse, 1878 (Sec. des livres relig.), etc., etc.

Qui, de la Société littéraire de Lyon, n'a pas été charmé non plus, par les savantes lectures que M. Raoul de Cazenove veut bien lui faire, dans ses séances, sur les sujets les plus divers, soit d'histoire, soit d'archéologie?

Ces travaux, qui touchent en grande partie à l'histoire du protestantisme, auquel appartient M. de Cazenove, ne purent manquer d'appeler sur lui l'attention de ses coreligionnaires. Depuis 1872, il a été élu

par eux aux hautes fonctions de membre de
la commission permanente du Synode Gé-
néral des églises réformées de France. Mais
il a le cœur et l'esprit trop élevés pour être
exclusif. Les hommes de tous les cultes lui
sont également chers, quand, par leur in-
telligence, leurs talents et leur labeur, ils
ont su dépasser le niveau de leurs contemporains et devenir utiles à la société. C'est
ainsi qu'en 1874, faisant ce qu'une admi-
nistration intelligente aurait dû faire, il a
posé sur la porte d'une maison, sa pro-
priété, place Saint-Pierre, 2, une inscription en marbre rappelant le souvenir d'un
peintre lyonnais trop oublié et la mémoire
de son fils, de la Compagnie de Jésus, l'une
des gloires de son ordre, comme prêtre et
comme architecte de notre grand collége de
la Trinité et d'autres célèbres maisons :

MEMORIAE

STEPH. DE MARTELLANGE, PICT. DELPH.

QUI HIC IN DOMO. S. LABOR.

A L'OYSEAU DU PARADIS.

MDLXXIV

ET MEMOR. STEPH. FILII EJUS LUGD. SOC. JESU

ARCHIT. ET PICTOR EGREGII POST

ANNOS CCC

R. DE CAZENOVE

HOC MONUMENTUM POSUIT.

MDCCCLXXIV (1)

---

(1) M. Charvet, dans son excellente étude sur
les Martellange, traduit ainsi cette inscription :
« A la mémoire d'Estienne de Martellange,
peintre dauphinois, qui, dans ce lieu et dans sa
maison, travaillait, en 1574, à l'enseigne de l'*Oyseau du Paradis*, et à la mémoire de son fils Estienne,

II

L'œuvre actuelle de M. Raoul de Cazenove ne concerne pas d'une manière spéciale l'histoire de Lyon. Elle touche plutôt à l'histoire générale et plus particulièrement à celle de la religion réformée. Mais comme la réforme a joué aussi un grand rôle dans notre ville, il n'est pas sans intérêt pour les Lyonnais, à quelque église qu'ils appartiennent, de connaître la réimpression présentée par M. de Cazenove. Elle pour titre : *Les Criées faites en la cité de Genève l'an mil cinq cent soixante.* » Les ordonnances qu'elle renferme ont été rédigées sous l'inspiration de Calvin.

Ai-je besoin de parler de ce dernier ? Quel est même le catholique qui ne connaît

---

Lyonnais, de la Société de Jésus, architecte et peintre de renom, après trois cents écoulés, R. de Cazenove a posé ce monument. 1874. »

M. Charvet ajoute, avec une grande raison : « M. Raoul de Cazenove, en homme de cœur, a pensé qu'il était bon de faire durer ainsi la mémoire de ceux des nôtres marquant dans l'histoire, dont on doit apprécier le mérite. Avec l'esprit qui le caractérise, il a pu dire, dans cette courte inscription, tout ce qui était indispensable, en même temps qu'il rappelait, en y joignant un nom de famille considéré à Lyon, cette vérité, trop négligée de nos jours, qu'il faut perpétuer et même glorifier tous les noms quand ils honorent une ville et un pays. » (Voir : Mém. de la Société litt. de Lyon, 1874-1875, p. 150-151.)

Le conseil municipal actuel de Lyon aurait bien dû lire ces lignes le jour où, n'écoutant que ses haines politiques, il a enlevé à plusieurs de nos rues les noms qui rappelaient des Lyonnais qui avaient bien mérité de leur pays, pour leur substituer des noms burlesques ou étrangers à la ville.

sa vie, ses actes et son influence sur le siècle où il a vécu ?

Jean Calvin, fils d'un tonnelier de Noyon, en Picardie, naquit le 10 juillet 1509. Destiné à l'état ecclésiastique, il fut pourvu, dès l'âge de douze ans, d'un bénéfice simple dans la cathédrale de Noyon, puis appelé à une cure, quoique absent et sans être engagé dans les ordres, — libéralité blâmable, mais dans les usages du temps. Et à Lyon ne vit on pas Camille de Neufville-Villeroy appelé, dès l'âge de cinq ans, à la dignité fructueuse d'abbé d'Ainay ? Robert Olivetan, son compatriote, lui donna les premières connaissances de la doctrine nouvelle, qui commençait à se répandre. Calvin renonça alors à ses divers bénéfices, étudia le droit à Orléans, puis se fixa à Paris, où il publia en 1532 un commentaire en latin sur les deux livres de Sénèque : *De Clementia.* Soupçonné d'avoir collaboré à un discours du recteur de l'Université, Michel Cop, accusé d'hérésie, il dut se retirer en Saintonge et se cacher chez du Tillet, chanoine d'Angoulême. Dans cet asile, il prépara son livre de l'*Institution chrétienne* et prêcha avec succès dans les villes circonvoisines jusqu'au jour où Marguerite de Navarre le reçut à sa cour. Mais cette douce solitude ne convenait pas à son esprit. Né pour la lutte, se croyant appelé à la vulgaristion de la doctrine nouvelle, il revint à Paris ; mais les sévères ordonnances de François Ier ne lui permirent pas d'y faire un long séjour et il se vit même obligé de quitter la France en 1534.

Genève ne tarda pas à tomber au pouvoir des réformés, qui en chassèrent les ecclésiastiques et les religieux. Mais, se voyant menacés, ils appelèrent à leur secours leurs coreligionnaires de France et Lyon en vit sortir 600 de ses murs. « Cette levée, dit Spon, était la plupart de gens originaires de Genève, imprimeurs et autres artisans commandés par un imprimeur, nommé Robohan, et par un autre capitaine, François de Montbel, sieur de Veray. » Calvin avait séjourné à Lyon peu de temps auparavant et y avait amené plusieurs de ses disciples, comme Louis du Tillet, Pierre et Bertrand de la Place, qu'il emmena avec lui à Genève. La réforme y avait été établie, depuis un an, par un décret des magistrats, auquel l'assemblée générale des citoyens avait donné son adhésion. Cette révolution, commencée par des motifs purement politiques, avait été achevée ensuite par les prédications de Farel. Jusqu'à l'établissement de la réforme, l'autorité avait été légalement partagée entre l'évêque et les magistrats municipaux. Ces pouvoirs étaient nécessairement rivaux et ils étaient aussi contrariés par les prétentions du duc de Savoie. Mais quand Calvin parut à Genève, le peuple et ses magistrats étaient restés maîtres sans obstacle comme sans partage; l'évêque, les religieux et tous les catholiques avaient dû fuir, et le duc de Savoie était tenu en échec par François Ier, qui avait, par les exigences de sa situation vis-à-vis des princes protestants d'Allemagne, dû favoriser les réformés étrangers, tout en poursuivant ceux de ses Etats. Calvin et Farel, restés seuls maîtres du pouvoir à Genève, pour mieux y consolider la réforme de la religion, crurent devoir entreprendre aussi celle des mœurs. Mais cette dernière entreprise leur suscita des ennemis puissants ; une faction se forma et parvint à les écarter; on leur signifia de quitter la ville dans les trois jours.

C'était au mois d'avril 1538. Mais Calvin fut regretté à Genève. Les dominateurs de la ville perdirent leur influence prépondérante (1). Son arrêt de bannissement fut unanimement révoqué dans l'assemblée générale du mois de mai 1541. Peu de temps après son retour, il présenta au conseil le projet de ses ordonnances sur la discipline ecclésiastique, que devaient faire exécuter des délégués mi-partie laïques et ecclésiastiques chargés de veiller à la fois « à la conservation de la saine Doctrine » et à la pratique des bonnes mœurs.

Ces ordonnances ont fait l'objet du nouveau travail de M. Raoul de Cazenove (2). Tombées aujourd'hui en désuétude, il a voulu en rappeler l'origine et les souvenirs dans la notice qui précède leur réimpression, comme on exhume du sol un monument religieux de l'antiquité, non pour forcer ses contemporains à fléchir le genou devant lui, mais pour le conserver comme l'expression d'une idée ou d'un symbole qui ont fait leur temps. M. Raoul de Cazenove a l'esprit trop éclairé pour ne pas condamner lui-même ces ordonnances émanées d'un étrange pouvoir théocratique et dont l'application inexorable a coûté souvent bien des larmes et du sang (3).

---

(1) La faction des *Libertins*, dit M. de Cazenove (page 4), finit par succomber piètrement dans une échauffourée à laquelle le peuple de Genève dédaigna de s'associer; mais la lutte fut vive entre les idées d'indépendance et l'opposition hautaine, violente des Libertins et le gouvernement réformé personnifié dans Calvin.

(2) On comprend facilement que M. de Cazenove ait choisi ces *Criées de Genève* pour sujet d'étude. L'Etat de Genève a accordé, en 1703, à sa famille, réfugiée en Suisse pour cause de religion, à la révocation de l'édit de Nantes (1685), le titre de bourgeois de Genève.

(3) Tout le monde sait comment Michel Servet fut arrêté en passant à Genève et brûlé vif en 1553, sur l'accusation même de Calvin, pour avoir

« Certes, dit-il, dans la belle préface des *Criées de Genève*, ce n'est pas à dire qu'il serait préférable d'en revenir au mode de gouvernement du XVIe siècle. Admirablement appropriée aux mœurs, aux idées de cette époque, non à celles de la nôtre, la démocratie théocratique créée par le génie de Calvin serait aujourd'hui un étrange contre-sens. » — Puis il ajoute, avec une parfaite sagesse: « Mais il est permis de déplorer la tendance de plus en plus accentuée à laquelle certains pays s'abandonnent, qui vise à écarter l'idée religieuse de toutes les conceptions gouvernementales. *L'Etat athée, c'est l'orgueil humain mis à la place de Dieu* ». Mais que M. de Cazenove me permette de n'être nullement de l'avis des pieux chrétiens dont il parle quand il dit que le premier pas vers l'accomplissement de ce funeste rêve de la libre-pensée (l'Etat athée), serait peut être la réalisation de cet autre rêve, si séduisant pour tant d'âmes pieuses et chrétiennes, la séparation absolue de l'Eglise et de l'Etat ».

Tout catholique ne peut que condamner le rêve de la *libre-pensée*, celui d'une *Eglise libre dans un Etat libre*, éclos du cerveau de M. de Cavour quand il volait les Etats du chef vénéré de l'Eglise catholique. Mais

---

attaqué le mystère de la Trinité dans un livre qui n'avait été ni écrit ni publié à Genève. Je ne parlerai pas non plus du procès fait à Bolsec, pour avoir eu sur la prédestination d'autres idées que celles de Calvin, ni de la condamnation à mort de Valentin Gentilis « pour hérésie volontaire » et de sa rétractation. Trop d'exemples ont fait connaître quel usage Calvin fit de son influence. Les premières ordonnances, antérieures à celle de 1560, étaient déjà si dures que, dans les années 1558 et 1559, les tribunaux ecclésiastiques et civils de Genève eurent à statuer sur 414 procès criminels.

quelles furent ces lois draconiennes ? Il n'est pas sans intérêt de les examiner en détail, car M. de Cazenove regarde « cet ensemble de prescriptions comme la pierre d'angle de Genève réformée, la condition nécessaire de la durée du pouvoir, que Calvin estimait être salutaire aux intérêts temporels et spirituels de ceux qui lui avaient confié la prospérité de la cité. Fait sans précédent dans l'histoire, le réforma·teur se trouva, un jour, en face d'une population assez virile pour faire le sacrifice de sa liberté morale, afin d'assurer la réforme de ses mœurs et son éducation religieuse ». Toutefois, M. de Cazenove est trop juste pour ne pas reconnaître « que la rigueur extrême de quelques articles des ordonnances allait peut être au delà de ce qui pouvait être raisonnablement demandé à la faiblesse de la nature humaine, aux mœurs encore rudes et grossières du XVIe siècle ».

Mais avant d'examiner, tour à tour, cha·cun des articles des ordonnances de 1560, M. de Cazenove a cru devoir faire précéder son analyse par quelques notes historiques sur l'Etat de Genève, longtemps « membre distingué du saint empire romain ». Le pouvoir y était concurremment exercé par l'évêque, le chapitre de la cathédrale et par la communauté de la population laïque, dont l'évêque était, en quelque sorte, le monarque constitutionnel. Après la chute violente de ce pouvoir paternel, on institua le Conseil des XXV ou *Conseil étroit* (pouvoir exécutif) et le *Conseil des Deux-Cents* (pouvoir législatif). Les attributions des syndics faisant partie du Conseil étroit étaient des plus étendues. Dans leurs mains résidait le pouvoir exécutif et directeur de la communauté génevoise. Aux contraventions de chacun des articles des ordonnances étaient attachées des peines, soit pécuniaires, soit morales, soit afflictives et infamantes, soit même la peine de mort, et en tête de ce Code pénal étaient inscrites la *dénonciation des coupables exigée des citoyens* et la *confiscation des biens* de ceux qui cherchaient à se soustraire par la fuite à la rigueur excessive des lois de la cité.

La liberté de conscience est nécessairement proscrite. « Chacun est tenu de venir ouyr la parole de Dieu » ; le père de famille ne peut avoir ses enfants *en la papauté ;* l'instruction est *obligatoire,* mais ne peut être donnée que par des réformés, à peine d'encourir l'*indignation* des magistrats. Le respect de Dieu est commandé à tous ; nul ne peut manquer à l'observation du dimanche, ni jurer le nom de Dieu, ni blasphémer « ne maugréer Dieu ». Les mœurs doivent être chastes et pures ; « que nul soit si osé (art. 11) ne se hardi de paillarder, yurongner, vagabonder ne se desbaucher l'un l'autre, ny aller aux estuves dediées pour les femmes ». Aucun citoyen, en résidence dans la ville, ne peut hanter les tavernes ni commettre aucuns excès en viandes, habits et vêtements. On mangeait et on buvait beaucoup à Genève. Vingt ou trente plats étaient la moyenne des banquets. Des viandes de toute sorte, peu de légumes et une énorme quantité de sucreries y figuraient. Ces prohibitions, cependant, furent souvent éludées, par les femmes surtout. Elles paraissaient bien dans les rues avec des habillements conformes aux ordonnances ; mais, dans leur intérieur, elles avaient des vêtements de velours, de soie, de satin, des toiles d'or et d'argent et des bijoux d'une valeur considérable. Aussi Calvin, comprenant son impuissance à atteindre les réfractaires coquettes, adoucit-il dans ses *Criées* la sévérité excessive des ordonnances somptuaires de 1542, dont M. de Cazenove cite de singuliers textes.

Mais tout ici-bas n'a qu'une durée éphé-

mère. Tout ce qui est l'œuvre de l'homme
est périssable comme lui. Les lois, les ins-
titutions, les sociétés même croulent et s'ef-
fondrent sous l'action dissolvante du temps
et de la volonté divine. L'œuvre de Calvin
s'est évanouie.

« Si maintenant, dit M. de Cazenove
(p. 27), on franchit brusquement trois
siècles et que l'on veuille comparer les ins-
titutions politiques et religieuses de la Genève de 1879 à celles du XVI⁰ siècle, on
s'aperçoit qu'il n'y a plus de comparaison
possible.

« L'idée religieuse, prédominante dans
l'Etat depuis sa formation, s'est tellement
atténuée, soit par la division en sectes ou
partis divers, soit par des causes politiques
et sociales, qu'elle n'est plus que l'ombre de
sa puissance d'autrefois, dans ses rapports
avec l'Etat, et cette ombre même effusque,
de nos jours, une certaine et notable por-
tion du peuple génevois. »

Plus de la moitié de sa population de
90,000 âmes fait profession de catholicisme.
En outre, divers partis se disputent tour à
tour le pouvoir politique et ecclésiastique, à
Genève, depuis le commencement du siècle.
En parcourant les dernières pages de la
notice que j'analyse, consacrées à l'état politique et religieux actuel de Genève, où la
crise des idées est à l'état aigu, où les ques-
tions les plus graves intéressant l'Eglise et
l'Etat sont débattues dans les conseils pu-
blics et dans les familles, on trouvera les
dénominations et les caractéristiques de ces
divers partis, et l'on pourra ainsi se faire
une idée assez exacte, quoique sommaire,
de l'état des esprits et des choses dans la
ville autrefois nommée la Rome protestante.

Pour le moment, le pouvoir, depuis quelques années aux mains des radicaux au-
toritaires représentés par le président du
Conseil, M. Carteret, tend à leur échapper,

par suite de leur excès de pouvoir, pour ne
pas s'être souvenu, dit M. de Cazenove avec
tant de justesse, « que la liberté d'un seul
doit précisément finir où celle des autres
commence et que les bornes de la liberté de
tous apparaissent là où la liberté indivi-
duelle menace d'être froissée ».

Puisse cet enseignement de l'histoire con-
temporaine n'être pas perdu pour notre
malheureux pays !

Telle est la nouvelle œuvre de M. Raoul
de Cazenove. En remettant en lumière les
Criées de Genève, sur lesquelles l'oubli s'é-
tait fait, les auteurs de cette réimpression
ont fourni aux méditations des historiens
et des philosophes un monument des plus
précieux par l'intérêt qu'il présente, et
l'homme du monde, même, qui se plaît à
réfléchir sur les législations des nations,
lira cet ouvrage avec la plus sérieuse attention, surtout en ce moment où, en France,
les hommes plus ou moins politiques qui
ont escaladé le pouvoir, chassent Dieu de
ses temples, foulent aux pieds la plus sainte
des libertés, celle du père de famille, et rê-
vent de nous imposer un despotisme pire
encore que celui que Calvin avait infligé au
peuple de Genève fasciné par lui.

L'exécution matérielle du livre de M. de
Cazenove est irréprochable, puisqu'il sort
des presses de M. Mougin-Rusand, et que
rien n'a été négligé par l'intelligent éditeur,
M. Coulet, pour assurer à cette plaquette,
tirée à 213 exemplaires seulement, une
place privilégiée sur les tablettes des ama-
teurs de beaux livres.

L.

Lyon.— Imp. du Salut Public.— Bellon.